JEAN KELLENS · **FRAVARDĪN** YAŠT (1—70)

FRAVARDĪN YAŠT (1–70)

Introduction, édition et glossaire

par

JEAN KELLENS

WIESBADEN 1975

DR. LUDWIG REICHERT VERLAG

CIP-Kurztitelaufnahme der Deutschen Bibliothek

Fravardīn Yašt: (1—70); introduction, éd. et glossaire.
(Iranische Texte; H. 6)

ISBN 3-920153-43-X

NE: Kellens, Jean [Hrsg.]

© Dr. Ludwig Reichert Verlag Wiesbaden 1975
Gesamtherstellung: Hubert & Co., Göttingen

Printed in Germany

Table des matières

Introduction.

L'état le plus ancien de la branche iranienne
de l'indo-iranien nous est connu par deux dialectes :
l'avestique et le vieux-perse. Ces deux entités, direc-
tement comparables au niveau linguistique, relèvent
d'une problématique fondamentalement différente. Le
vieux-perse est fait de documents historiques et poli-
tiques gravés dans la pierre sous le règne de leurs
auteurs, le roi achéménide Darius I et ses successeurs.
Situé avec précision dans la géographie et l'histoire,
il nous embarrasse par la pauvreté du matériel et une
écriture cunéiforme syllabique qui gêne l'interprétation
linguistique. Pour l'avestique, c'est l'inverse : fine-
ment noté par une écriture phonétique nuancée, il consti-
tue une sorte de monument situé hors de l'espace et du
temps. Aucun document historique ou archéologique ne
peut lui être rapporté.

Le grand problème du philologue de l'_Avesta_ est
celui de la transmission du texte. C'est un dialecte de
l'Iran oriental, sensiblement contemporain du vieux-
perse, peut-être plus vieux pour certains passages,
plus récent pour d'autres. Mais le texte que nous possé-
dons est transmis par des manuscrits dont le plus ancien,
K 7 a b, remonte à 1288. L'avestique n'est donc accessi-
ble qu'après un intense travail de restitution. Les
manuscrits doivent être classés par familles et leurs
leçons comparées d'après les principes traditionnels de
la philologie. On reconstitue ainsi le texte d'un manuscrit modèle du IXème siècle dont l'existence a été
démontrée par K. Hoffmann (MSS 26, 1969, 35 sq.) pour
le _Yasna_, et par H. Humbach (MSS 31, 1973, 109 sq.)
pour les _Yašts_ et le _Vidēvdāt_. Ce manuscrit consigne,

avec certaines déformations dues à une élocution liturgi‐
que décadente, le contenu de l'archétype sassanide, où
les textes religieux officiels du mazdéisme avaient été
collationnés de manière délibérée et savante, au moyen
d'un système d'écriture érudit spécialement inventé à
cet effet et notant les moindres nuances de l'élocution
liturgique traditionnelle de la Perse. Il s'en faut de
beaucoup que ce recueil du Vème siècle soit contemporain
des usagers de l'avestique et note un texte homogène et
cohérent. Le corpus avestique dont nous disposons est,
dans une certaine mesure, et dès l'origine, un ensemble
disparate. Abstraction faite des traits dialectaux mal
définissables que l'on devine au travers d'aberrations
grammaticales apparentes dans les passages tardifs,
l'Avesta contient deux états de langue, le gâthique et
l'avestique récent. Il n'est pas possible d'établir
avec certitude si leurs divergences sont d'ordre chrono‐
logique, dialectal, ou les deux ensemble.

      Le texte présenté ici est un texte d'avestique
récent. Il a été choisi dans la mesure où il était
relativement bien transmis et où il présentait un con‐
tenu intéressant. Le Yasna, en général plus correct et
mieux transmis, ne contient, à l'exclusion de quelques
passages trop difficiles pour des débutants, que des
litanies liturgiques sans grand intérêt. Le Vidēvdāt
est attesté dans une langue incorrecte par des manu‐
scrits nombreux, mais fautifs. Deux sources permettent
d'établir le texte des Yašts : la famille du manuscrit
F1, correct, mais récent, et J10, plus ancien, mais
médiocre. Pour le Yašt 13, nous disposons heureusement
d'un troisième témoignage de grande valeur, celui des
manuscrits du Xorda - Avesta iranien. Sa transmission

est donc la suivante :

1. F1 (1591), E1, Pt1, P13, L18.
2. J10.
3. Xorda - Avesta iranien : Mf3, K12 (1801).37.
   38, Lb5, H5, W3.
4. Collations diverses : K13 (1721).14, W2.

Ouvrages de référence utilisables :

a. Editions du texte :

K.F. Geldner, Avesta. The sacred Books of the Parsis II,
   Stuttgart 1889, 167-205.

H. Reichelt, Avesta reader, Strasbourg 1911, 17-21,
   114-118, 211-281 (Yt.13, 1-25, 49-72 avec
   commentaire et glossaire).

G. Gropp, Wiederholungsformen im Jung-Awesta, Hambourg
   1967 (Yt.13, 1-19 avec traduction et commentaire).

b. Traductions :

K.F. Geldner, KZ 25, Goettingue 1881, 532-563.

J. Darmesteter, Le Zend-Avesta II, Paris 1892-3
   (réimpr. 1960), 500- 558.

Fritz Wolff, Avesta. Die heiligen Bücher der Parsen,
   Leipzig 1910 (réimpr. Berlin 1960) 229-258.

H. Lommel, Die Yäšt's des Awesta, Goettingue-Leipzig
   1927, 112 sq..

G. Gropp, voir ci-dessus.

c. Dictionnaire :

C. Bartholomae, Altiranisches Wörterbuch, Strasbourg
   1904 (réimpr. Berlin 1961).

d. Grammaires :

A.V.W. Jackson, An Avesta Grammar, Stuttgart 1892
        (réimpr. 1971).

C. Bartholomae, Grundriss der iranischen Philologie I,
        Strasbourg 1896, 152-248.

H. Reichelt, Awestisches Elementarbuch, Heidelberg
        1909 (réimpr. 1967).

e. Bibliographie :

B. Schlerath, Awesta-Wörterbuch. Vorarbeiten I,
        Wiesbaden 1968.

Le texte présenté ici n'est ni celui de Geldner
ni celui de Bartholomae. Il résulte d'une réflexion
personnelle dont la démarche et les conclusions seront
bientôt, je l'espère, précisées ailleurs.

Alphabet avestique :

a ā å ą (ą̇) ə ə̄ e ē o ō i ī u ū -

k x x́ x^v g ġ γ - c j - t ϑ d δ t̰ -

p f b β - ŋ ŋ́ ŋ^v n ń ṇ m m̨ - ẏ v -

r ş̌ - s z š ž ś y (=ž́) - h

. Ordre alphabétique :

a, ā, ə̆, ŏ, å̆, ą, ĭ, ŭ, k, g/γ, x, c, j, t,
d/δ, θ, t̰, p, b/β, f, η, η^v, n, m, y, v, r,
s, z, š, ž, h, x́, x^V

Texte

(Yt. 13,1-70)

1. mraoṱ ahurō mazdā̊ spitamāi zaraθuštrāi aēuua tē
   zā̊uuarə aojasca x^varənō auuasca rafnasca
                  framrauua ərəzuuō spitama
                  yaṱ aš̌aonąm frauuaš̌inąm
                  uγranąm aiβiθūranąm
                  yaθa mē jasən auuaŋhe
                  yaθa mē barən upastąm
                  uγrā̊ aš̌aonąm frauuaš̌aiiō
2.   ā̊ŋhąm raiia x^varənaŋhaca
                  vīδāraēm zaraθuštra
                  aom asmanəm yō usca
                  raoxšnō frādərəsrō yō imąm
                  ząm āca pairica buuāuua
                  mąnaiiən ahe yaθa vīš
                  aēm yō hištaite mainiiu.stātō
                  haṇdraxtō dūraēkaranō
                  aiiaŋhō kəhrpa x^vaēnahe
                  raocahinō aoi θrišuua

3. yim mazdā̊ vaste vaŋhanəm stəhrpaēsaŋhəm mainiiu
.tāštəm hacimnō miθra rašnuca ārmaitica spəṇtaiia
yahmāi nōiṯ cahmāi naēmanąm karana pairi.vaēnōiθe

4. å̄ŋhąm raiia x^varənaŋhaca vīδāraēm zaraθuštra arədu-
uīm sūrąm anāhitąm pərəϑu.frākąm baēšaziiąm vīdaēu-
uąm ahurō.ṯkaēšąm yesniiąm aŋ^vhe astuuaite vahmiiąm
aŋ^vhe astuuaite ā̊δu.frāδanąm ašaonīm vąθβō.frāδanąm
ašaonīm gaēθō.frāδanąm ašaonīm šaētō.frāδanąm ašaonīm daṅhu.frāδanąm aš̌aonīm

5. yā vīspanąm aršnąm xšudrå̄ yaoždaδaiti yā vīspanąm
hāirišinąm ząθāi garəβą yaoždaδaiti yā vīspå̄ hāirišīš huzāmitō daδāiti yā vīspanąm hāirišinąm dāitīm
raθβīm paēma auua‚baraiti

6. masitąm dūrāṯ frasrūtąm yā asti auuauuaiti masō
yaθa vīspå̄ imå̄ āpō yå̄ zəmā paiti frataciṇti yā
amauuaiti fratacaitī hukairiiaṯ haca barəzaŋhaṯ aoi
zraiiō vouru.kašəm

7. yaozəṇti vīspe karanō zraiiā vouru.kašaiia ā vīspō
maiδiiō yaozaiṯi yaṯ hīš aoi fratacaiti yaṯ hīš aoi
fražgaraiti arəduuī sūra anāhita yeṅhe hazaŋrəm
vairiianąm hazaŋrəm apaγžāranąm kasciṯca aēšąm vairiianąm kasciṯca aēšąm apaγžāranąm caθβarəsatəm
aiiarə.baranąm huuaspāi naire barəmnāi

8. aṅhå̄sca mē aēuuaṅhå̄ āpō apaγžārō vī.jasaiti vīspāiš
aoi karšuuąn yāiš hapta aṅhå̄sca mē aēuuaṅhå̄ āpō
hamaθa auua.baraiti hąminəmca zaiianəmca hā mē āpō
yaoždaδāiti hā aršnąm xšudrå̄ hā xšaθrinąm garəβą
hā xšaθrinąm paēma

9. å̄ŋhąm raiia x^varənaŋhaca vīδāraēm zaraθuštra ząm
pərəθβīm ahuraδātąm yąm masīmca paθanąmca yā barə-
θri paraoš srīrahe yā vīspəm ahūm astuuaṇtəm baraiti

jumca iristəmca garaiiasca yōi bərəzaṇtō pouru.
vāstrą̇hō āfəṇtō

). yeṅhā̊ paiti θraotō.stācō āpō taciṇti nāuuaiiā̊ yeṅhā̊
paiti pouru.sarəδā zəmāδa uzuxšiieiṇti uruuarā θrāθrāi pasuuā̊ vīraiiā̊ θrāθrāi airiianąm daxiiunąm
θrāθrāi gə̄uš paṇcō.hiiaiiā̊ auuaṅhe narąm ašaonąm

. ā̊ŋhąm raiia xᵛarənaŋhaca vīδāraēm zaraθuštra azəm
barəθrišuua puθrə̄ paiti.vərətē apara.iriθiṇtō ādātāṭ
vīδā̊taoṭ viiāhuua uruuaṭ.caēm astica drəβdaca uruθβąnca paiδiiā̊sca frauuāxšasca

. yeiδi zī mē nōiṭ daiδīṭ upastąm uγrā̊ ašāunąm frauuašaiiō nōiṭ mē iδa ā̊ṅhāṭ.təm pasu.vīra yā stō sarəδa-
nąm vahišta drujō aogarə drujō xšaθrəm drujō astuuā̊
aŋhuš ā̊ṅhāṭ

. nī aṇtarə ząm asmanəmca druuā̊ mainiuuā̊ hazdiiāṭ nī
aṇtarə ząm asmanəmca druuā̊ mainiuuā̊ vaoniiāṭ nōiṭ
pascaēta vanō vaṇtāi upa.daiiāṭ aŋrō mainiiuš speṇ-
tāi mainiiauue

. ā̊ŋhąm raiia xᵛarənaŋhaca āpō taciṇti frātaṭ.caretō xā̊
paiti afrajiiamnā̊ ā̊ŋhąm raiia xᵛarənaŋhaca zemā́δa uzuxšiieiṇti uruuarā̊ xā̊ paiti afrajiiamnā̊ ā̊ŋhąm raiia xᵛarənaŋhaca vātō vā̊ṇti dunmō.frutō xā̊ paiti afrajiiamnā̊

. ā̊ŋhąm raiia xᵛarənaŋhaca hāirišīš puθrə̄ vərənuuaiṇti
ā̊ŋhąm raiia xᵛarənaŋhaca huzāmitō zīzanəṇti ā̊ŋhąm
raiia xᵛarənaŋhaca yaṭ bauuaiṇti hacaṭ.puθrā̊

. ā̊ŋhąm raiia xᵛarənaŋhaca us nā zaiieiti viiāxanō
viiāxmōhu gūšaiiaṭ.uxδō yō bauuaiti xratu.kātō yō
nāidiiā̊ŋhō gaotəmahe parō.yā̊ parštōiṭ auuāiti aŋhąm
raiia xᵛarənaŋhaca huuarə auua paθa aēiti ā̊ŋhąm raiia
xᵛarənaŋhaca mā̊ auua paθa aēiti ā̊ŋhąm raiia xᵛarənaŋhaca stārō auua paθa yeiṇti

13

17. tå uɣrāhu pəṣanāhu upastąm hənti dāhištå yå frauuašaiiō aṣaonąm tå frauuaṣaiiō aṣaonąm aojištå hənti
spitama yå paoiriianąm t̰kaēšanąm yå vā narąm azāta-
nąm frašō.carəθrąm saošiiaņtąm āat̰ aniiaēšąm frauuašaiiō juuanąm narąm aṣaonąm aojiiehīš zaraθuštra
yaθa iristanąm spitama

18. āat̰ yō nā hīš hubərətå barāt̰ juua aṣaonąm frauuaṣaii
sāsta daǹhəuš hamō.xšaθrō hō aŋhāiti zazuštəmō xšaii
kascit̰ maṣiiānąm yō vō hubərətą baraiti miθrəm yim
vouru.gaoiiaoitīm arštātəmca frādat̰.gaēθąm varədat̰.
gaēθąm

19. iθa tē zāuuarə aojasca xᵛarənō auuasca rafnasca fram-
raomi ərəzuuō spitama yat̰ aṣaonąm frauuaṣinąm uɣraną
aiβiθūranąm yaθa mē jasən auuaǹhe yaθa mē barən upastąm uɣrå aṣaonąm frauuaṣaiiō

20. mraot̰ ahurō mazdå spitamāi zaraθuštrāi āat̰ yasə θβā
aētahmi aŋhuuō yat̰ astuuaiņti spitama zaraθuštra
paθąm jasāiti vaθβaēsō bōiβranąm dužitanąmca θβaiiaṇ
hatąm zaraθuštra yezica θβaēšå tanuuō aθa imą vacō
drənjaiiōiš aθa imą vacō framruiiå vārə θraɣnīš zaraθuštra

21. aṣāunąm vaŋᵛhīš sūrå spəņtå frauuaṣaiiō staomi zba-
iiemi ufiiemi yazamaide nmāniiå vīsiiå zaņtumå
daxiiumå zaraθuštrō.təmå hāitiš hātąm hāitiš åŋhušam
hāitiš būšiiaņtąm aṣaonąm vīspå vīspanąm daxiiunąm
zəuuištiiå zəuuištiianąm daxiiunąm

22. yå asmanəm vīδāraiiən yå āpəm vīδāraiiən yå ząm vīδāraiiən yå gąm vīδāraiiən yå barəθrišuua puθrē paiti.
vərətē vīδāraiiən apara.iriθiņtō ādātāt̰ vīδātaoṭ vii
huua uruuat̰.caiiən astica gaonaca drəβdaca uruθβąnca

14

paiδiiåsca frauuāxšasca

5. yā ašbərətō yå uγrārətō yå huuārətō yå vazārətō yå
taxmārətō yå zaoiiārətō yå zaoiiå vaŋhuθβaēšu yå
zaoiiå vərəθraγniiaēšu yå zaoiiå pəšanāhu

4. yå dāθrīš vərəθrəm zbaiieṇte dāθrīš āiiaptəm cakuše
dāθrīš baṇtāi druuatātəm dāθrīš ahmāi vohu xᵛarənō
yō hīš yazānō kuxšnuuąnō zbaiieiti barō.zaoθrō
ašauua

5. yå auuaδa para fraoirisištå yaθra narō ašauuanō
ašəm həṇti zrazdātəma yaθraca mazištå frərətå
yaθraca xšnūtō ašauua yaθraca ṭbištō ašauua

6. ašāunąm vaⁿhīš sūrå speṇtå frauuašaiiō yazamaide
yå aojištå vazəṇtąm rəṇjištå frauuazəmnanąm afra-
kauuastəmå apa.sraiiamnanąm anuuaršθβatəmå frasciṇ-
bananąm apairi.vauuastəmå snaiθišąmca varəθanąmca
yå afraouruuisuuaṭ kərənauuaiṇti īrəm yahmiia
jasəṇti

7. tå vaⁿhīš tå vahištå yazamaide yå ašāunąm vaⁿhīš
sūrå speṇtå frauuašaiiō tå zī starətaēšu barəsmōhu
zaoiiå tå vərəθraγniiaēšu tå pəšanāhu tå iδa yaṭ
narō taxma pərətəṇte vərəθraγniiaēšu

8. tå mazdå zbaiiaṭ auuaŋhe auuaŋhaca ašnō vidaδāra
apasca zəmasca uruuarāsca yaṭ speṇtō mainiiuš vīδāraiiaṭ asmanəm yaṭ āpəm yaṭ ząm yaṭ gąm yaṭ uruuarąm
yat barəθrišuua puθrə vīδāraiiaṭ paiti.vərətē apara
.iriθiṇtō ādātāṭ vīδātaoṭ viiāhuua uruuaṭ.caiiaṭ
astica gaonaca drəβdaca uruθβąnca paiδiiåsca
frauuāxšasca

9. vīδāraiiaṭ speṇtō mainiiuš yå amauuaitīš tušnišāδō
hudōiθrīš vərəzi.cašmanō sraoiθrīš darəγō.rąrō.manō

15

yā̊ bərəzaitīš bərəziiāstā̊ yā̊ huiiaonā̊ pərəθu.yaonā̊
rauuō.fraoθmanō dasaθauuaitīš frasrūtā̊ upa.dāraiiən
asmanəm

30. ašāunąm vaηᵛhīš sūrā̊ spəṇtā̊ frauuašaiiō yazamaide
hušhaxmanō huuarəzānā̊ darəγaēibiiō haxəδraēibiiō
upa.šitə̄e vahištā̊ anāzarətā̊ aēibiiō nərəbiiō vaη-
hēuš yōi vō vaηᵛhīš gufrā̊ dūraēsūkā baēšaziiā̊ fras-
rūtā̊ vanat̰.pəšanā̊ nōit̰ pauruuā̊ āzāraiieṇte

31. ašāunąm vaηᵛhīš sūrā̊ spəṇtā̊ frauuašaiiō yazamaide
uγrā̊.zaošā̊ t̰bišiianbiiō upairi.kairiiā̊ səuuištā̊ yā̊
upairi hamarənāt̰ auruuaθanąm t̰bišiiaṇtąm uγrā̊ bāzūš
sciṇdaiieiṇti

32. ašāunąm vaηᵛhīš sūrā̊ spəṇtā̊ frauuašaiiō yazamaide
arədrā̊ taxmā̊ aojaηᵛhaitīš anā.mąθβā̊ xᵛāθrauuaitīš
xᵛāparā̊ baēšaziiā̊ ašōiš baēšaza hacimnā̊ zəm.fra-
θaηha dānu.drājaηha huuarə.barəzaηha

33. ašāunąm vaηᵛhīš sūrā̊ spəṇtā̊ frauuašaiiō yazamaide
yā̊ taxmā̊ hąm.varəitiuuaitīš arəzaiieiṇtīš xruuišii-
eiṇtīš uruuīnaitīš frascaṇdaẟeiṇtīš vīspanąm
t̰bišuuatąm t̰baēšā̊ daēuuanąm mašiiānąmca amaēnijanō
hamərəθē̄ hauuāi kāmāica zaošāica

34. yūžəm vaηᵛhi nisrinaota vərəθraγnəmca ahuraẟātəm
vanaiṇtīmca uparatātəm ābiiō daήhubiiō səuuištā̊
yaθa vaηᵛhīš anāzarətā̊ xšnūtā̊ ainitā̊ at̰bištā̊
yūžəm yesniiā̊ vahmiiā̊ vasō.yaonā̊ fracaraθβe

35. ašāunąm vaηᵛhīš sūrā̊ spəṇtā̊ frauuašaiiō yazamaide
frasrūtā̊ vanat̰.pəšanā̊ auui.amā̊ spārō.dāštā̊ amuii-
amnā̊ razištanąm yā̊ auua zbaiiatō auuaήhe viiąsca
viiānasca apatə̄e zbaiieiti viiąsca apa.gatə̄e
viiānō

16

36. yā̊ auuaδa para fraoirištā̊ yaθra narō ašauuanō ašǝm
həṇti zrazdātǝma yaθraca mazištā̊ frǝrǝtā̊ yaθraca
xšnūtō ašauua yaθraca ṭbištō ašauua

37. ašāunąm vaᶯhīš sūrā̊ spəṇtā̊ frauuašaiiō yazamaide
pouru.spāδā̊ yastō.zaiiā̊ uzgərəptō.drafšā̊ bāmiiā̊ yā̊
uγrāhu pəšanāhu taδa nijasən xštəuuiβiiō taṱ yōi
taxma xštāuuaiiō dānubiiō azən pəšanā̊

38. yūžəm taδa tauruuaiiata vərəθrəm dānunąm tūranąm
yūžəm taδa tauruuaiiata ṭbaēšā̊ dānunąm tūranąm
yūšmaoiiō parō karšnazō huuīra baon səuuišta yōi
taxma xštāuuaiiō yōi taxma saošiiaṇtō yōi taxma
vərəθrājanō xrūmā̊ asəbiš fraziṇta dānunąm baēuuarə.
paitinąm

39. ašāunąm vaᶯhīš sūrā̊ spəṇtā̊ frauuašaiiō yazamaide
yā rasmanō hąm.stātēe frakarana sciṇdaiieiṇti vī
maiδiiąnəm nāmaiieiṇti θβāšəm paskāṱ frauuazəṇte
auuaᶇhe narąm ašaonąm ązaᶇhe dužuuarštāuuarəząm

40. ašāunąm vaᶯhīš sūrā̊ spəṇtā̊ frauuašaiiō yazamaide
yā̊ uγrā aiβiθūrā̊ vārəθraγnīš vanaṱ.pəšanā̊ rərəmā̊
vīuuāitīš vīcirā srauuašəmnā̊ sraotanuuō āsnō.
uruuąnō ašaonīš yā̊ dāθrīš vərəθrəm zbaiieṇte
dāθrīš āiiaptəm cakuše dāθrīš baṇtāi druuatātəm

41. dāθrīš ahmāi vohu xᵛarənō yō hīš aθa frāiiazāite
yaθa hīš hō nā yazata yō ašauua zaraθuštrō ratuš
astuuaiθiiō gaēθaiiā̊ barəšnuš bipaitištanaiiā̊
kahmāiciṱ yā̊ᶇhąm jasō kahmāiciṱ ązaᶇhąm biβiuuā̊

42. yā̊ uzbātā̊ mainiiu.šūtā̊ frašusəṇte barəšnuuō
auuaᶇhe ašnō aməm paiδimnā̊ hutāštəm vərəθraγnəmca
ahuraδātəm vanaiṇtīmca uparatātəm saokąmca baraṱ.
auuarətąm baraṱ.āiiaptąm ašaonīm θrąfəδąm yesniiąm
vahmiiąm ašāṱ haca yaṱ vahištāṱ

43. tā̊ hərəzəṇti satauuaēsəm aṇtarə ząm asmanəmca taṭ.
āpəm zauuanō.srūtəm taṭ.āpəm uxšiiaṭ.uruuarəm θrāθrāi pasuuā̊ vīraiiā̊ θrāθrāi airiianąm dax́iiunąm
θrāθrāi gə̄uš paṇcō.hiiaiiā̊ auuaŋ́he narąm ašaonąm

44. vī aṇtarə ząm asmanəmca satauuaēso vī.jasāiti taṭ.
āpō zauuanō.srūtō taṭ.āpō uxšiiaṭ.uruuarō srīrō
bānumā̊ raoxšnəmā̊ θrāθrāi pasuuā̊ vīraiiā̊ θrāθrāi
airiianąm dax́iiunąm θrāθrāi gə̄uš paṇcō.hiiaiiā̊
auuaŋ́he narąm ašaonąm

45. ašāunąm vaṇᵛhīš sūrā̊ spəṇtā̊ frauuašaiiō yazamaide
aiiō.xaoδā̊ aiiō.zaiiā̊ aiiō.vərəθrā̊ yā̊ pərətəṇte
vərəθraγniiaēšu raoxšni.aiβiδātaēšu θaxtā̊ arəzažīš
barəṇtīš hazaŋraγniiāi daēuuanąm

46. yaṭ hīš aṇtarə vātō frauuāiti barō.baoδō mašiiānąm
tē narō paiti.zānəṇti yāhuua vərəθra.baoδō tē ābiiō
frə̄rətā̊ frə̄rənuuaiṇti ašaonąm vaṇᵛhibiiō sūrābiiō
spəṇtābiiō frauuašibiiō θaxtaiiāṭ parō aṇhuiiāṭ
uzgərəβiiāṭ parō bāzuβe

47. yatāra vā dīš pauruua frāiiazəṇte fraorəṭ fraxšni
auui manō zrazdātoiṭ aṇhuiiaṭ haca ātaraθra frao-
risiṇti uγrā̊ ašāunąm frauuašaiiō haθra miθrāca rašnuca uγrasca dāmōiš upamanō haθra vāta vərəθrājanō

48. tā̊ daŋ́hauuō haθra jatā̊ nijaγnəṇte paṇcasaγnāiš
sataγnāišca sataγnāiš hazaŋraγnāišca hazaŋraγnāiš
baēuuarəγnāišca baēuuarəγnāiš ahąxštaγnāišca yaθra
fraoirisiṇti uγrā̊ ašāunąm frauuašaiiō haθra miθrāca
rašnuca uγrasca dāmōiš upamanō haθra vāta vərəθrājaṇ

49. ašāunąm vaṇᵛhīš sūrā̊ spəṇtā̊ frauuašaiiō yazamaide
yā̊ vīsāδa āuuaiieiṇti hamaspaθmaēdaēm paiti ratūm
āaṭ aθra vīcarəṇti dasa pairi xšafnō auuaṭ auuō
zixšnā̊ŋhəmnā̊

18

50. kō nō stauuā̤t kō yazāite kō ufiiā̤t kō frīnā̤t kō
    paiti.zanā̤t gaomata zasta vastrauuata aṣa.nāsa
    nəmaŋha kahe nō iδa nạma āɣairiiā̤t kahe vō uruua
    fraiieziiā̤t kahmāi nō ta̤t dāθrəm daiiā̤t ya̤t hē
    aŋha̤t x^vairiiạn ajiiamnəm yauuaēca yauuaētātaēca

51. āa̤t yō nā hīš frāiiazāite gaomata zasta vastrauuata
    aṣa.nāsa nəmaŋha ahmāi āfrīnəṇti xšnūtå ainitå
    a̤tbištå uɣrå aṣå̄unạm frauuaṣaiiō

52. buiiā̤t ahmi nmāne gə̄ušca vạθβa vīranạmca buiiā̤t
    āsušca aspō dərəzrasca vāṣ̌ō buiiā̤t nā stāhiiō
    viiāxanō yō nō bāδa frāiiazāite gaomata zasta
    vastrauuata aṣa.nāsa nəmaŋha

53. aṣå̄unạm vaŋ^vhīš surå̄ speṇtå̄ frauuaṣaiiō yazamaide
    yå apạm mazdaδātanạm srīrå̄ paθō daēsaiieiṇti yå̄
    para ahmā̤t hištəṇta fraδātå̄ afrata̤t.kušīš hamaiia
    gātuuō darəɣəmci̤t pairi zruuānəm

54. āa̤t tå̄ nūrạm frataciṇti mazdaδātəm paiti paṇtạm
    baɣō.baxtəm paiti yaonəm frāθβarštəm paiti āfəṇtəm
    zaošāi ahurahe mazdå̄ zaošāi aməṣanạm speṇtanạm

55. aṣå̄unạm vaŋ^vhīš surå̄ speṇtå̄ frauuaṣaiiō yazamaide
    yå̄ uruuaranạm x^vaβrīranạm srīrå̄ uruθmīš daēsaiieiṇ-
    ti yå̄ para ahmā̤t hištəṇta fraδātå̄ afraoxšaiieiṇtīš
    hamaiia gātuuō darəɣəmci̤t pairi zruuānəm

56. āa̤t tå̄ nūrạm frauuaxšaiieiṇti mazdaδātəm paiti
    paṇtạm baɣō.baxtəm paiti yaonəm frāθβarštəm paiti
    zruuānəm zaošāi ahurahe mazdå̄ zaošāi aməṣanạm
    speṇtanạm

57. aṣå̄unạm vaŋ^vhīš surå̄ speṇtå̄ frauuaṣaiiō yazamaide
    yå̄ strạm må̄ŋhō hūrō anaɣranạm raocaŋhạm paθō
    daēsaiiən aṣaonīš yōi para ahmā̤t hame gātuuō

darəγəm hištəŋta afrašūmaŋtō daēuuanąm parō
ṭbaēšaŋhaṭ daēuuanąm parō draomōhu

58. āaṭ tē nūrąm frauuazəŋti dūraēuruuaēsəm aδβanō
uruuaēsəm nāšəmna yim frašō.kərətōiṭ vaŋhuiiå

59. ašāunąm vaŋ^vhīš sūrå spəŋtå frauuašaiiō yazamaide
yå auuaṭ zraiiō aiβiiāxšaiieiŋti yaṭ vouru.kašəm
bāmīm nauuaca nauuaitīšca nauuaca sata nauuaca
hazaŋra nauuasēsca baēuuąn

60. ašāunąm vaŋ^vhīš sūrå spəŋtå frauuašaiiō yazamaide
auuū strēuš aiβiiāxšaiieiŋti yą haptōiriŋgē nauuaca
nauuaitīšca nauuaca sata nauuaca hazaŋra nauuasēsca
baēuuąn

61. ašāunąm vaŋ^vhīš sūrå spəŋtå frauuašaiiō yazamaide
yå auuąm kəhrpəm aiβiiāxšaiieiŋti yam sāmahe kərəsā-
pahe yaṭ gaēsāuš gaδauuarahe nauuaca nauuaitīšca
nauuaca sata nauuaca hazaŋra nauuasēsca baēuuąn

62. ašāunąm vaŋ^vhīš sūrå spəŋtå frauuašaiiō yazamaide
yå auuąm xšudrəm aiβiiāxšaiieiŋti yąm spitāmahe
ašaonō zaraθuštrahe nauuaca nauuaitīšca nauuaca
sata nauuaca hazaŋra nauuasēsca baēuuąn

63. ašāunąm vaŋ^vhīš sūrå spəŋtå frauuašaiiō yazamaide
yå ahurahe xšaiiatō dašinąm upa yūiδiieiŋti yezi
aēm bauuaiti ašauua.xšnus yezi šē bauuaiŋti anāzarətå xšnūtå ainitå aṭbištå uγrå ašāunąm frauuašaiiō

64. ašāunąm vaŋ^vhīš sūrå spəŋtå frauuašaiiō yazamaide
yå masiiehīš ahmāṭ yå aojiiehīš ahmāṭ yå tašiiehīš
ahmāṭ yå amauuastarå ahmāṭ yå vərəθrauuastarå ahmāṭ
yå baēšaziiō.tarå ahmāṭ yå yāskərəstarå ahmāṭ yaθa
vaca framrauuāire yå maδəməmciṭ miiezdinąm baēuuani
upa.vazeŋte

65. āaṯ yaṯ āpō uzbarəṇte spitama zaraθuštra zraiiaŋhaṯ
    haca vouru.kašāṯ x^varənasca yaṯ mazdaδātəm āaṯ
    frašūsəṇti uɣrå ašāunąm frauuašaiiō paoirīš pouru.
    satå paoirīš pouru.hazaŋrå paoirīš pouru.baēuuanō

66. āpəm aēšəmnå hauuāi kāciṯ nāfāi hauuaiiāi vīse
    hauuāi zaṇtauue hauuaiiāi daṅhauue ūiti.aojanå
    x^vaēpaiθe nō daṅhuš naδātaēca haošātaēca

67. tå yūiδiieiṇti pəšanāhu hauue asahi šōiθraēca yaθa
    asō maēθanəmca aiβišitēe daδāra mąnaiiən ahe yaθa
    nā taxmō raθaēštå huš.hąm.bərətaṯ haca šaētāṯ
    yāstō.zaēnuš paiti.ɣnīta

68. āaṯ yåsca åŋhąmniuuānəṇte tå āpəm parāzəṇti hauuāi
    kāciṯ nāfāi hauuaiiāi vīse hauuāi zaṇtauue hauuaiiāi
    daṅhauue ūiti.aojanå x^vaēpaiθe nō daṅhuš fraδātaēca
    varəδātaēca

69. āaṯ yaṯ bauuaiti auui.spaštō sāsta daṅhəuš hamō.
    xšaθrō auruuaθaēibiiō parō ṯbišiiaṇbiiō tå hasciṯ
    upa.zbaiieiti uɣrå ašaonąm frauuašaiiō

70. tå hē jasåṇti auuaṅhe yezi šē bauuaiṇti anāzarətå
    xšnūtå ainitå aṯbištå uɣrå ašāunąm frauuašaiiō tå
    dim auua nifrāuuaiieiṇti mąnaiiən ahe yaθanā mərəɣō
    huparənō

Glossaire

a- adj. pron. dém.

aēuua...yaθa conj.   ainsi...en sorte que

aēuua- adj. pron. num.   un

aēta- adj. pron. dém.

aēm adj. pron. dém. (NSm.)

aoi/auui prép. + Acc.   vers, dans

aogar- n. n.   la puissance

aoj   dire

  part. prés. M. aojana-

aojaη^{V}hant-, f. ^{O}aitī-, adj.   puissant

aojah- n.n.   la puissance

aojiiah-, f. ^{O}ehī-, adj. comp.   plus puissant

aojišta- adj. sup.   le plus puissant

aiia- n. n.   l'oeuf

aiiarə.bara- n. m.   la chevauchée d'un jour

aiiah- n. n.   le métal

aiiō.xaoδa- adj.   au casque de métal

aiiō.vərəθra- adj.   à la cuirasse de métal

aiiō.zaiia- adj.   aux armes de métal

auua- adj. pron. dém.

auuauuaṇt- (f. ^{O}aitī-)...yaθa adj.   tel...que

auuaδa adv.   vers cet endroit-là

auuah- n.n.   l'aide

auui.ama- adj.   très puissant

ajiiamna- adj.   inépuisable

aδβan- n. m.   le chemin

aδa adv.   ainsi

aθa...yaθa conj.   ainsi...que

aθra adv.   ici

aṱbišta- adj.   non haï

ap-/āp- n. f.   l'eau

apa.gaiti- n. f.   le fait de s'échapper

apa.γžāra- n. m.		la décharge (des eaux)
apaiti- n. f.		le fait d'atteindre
apara.iriθiiaṇt- adj.		éloigné de la mort
apairi.vauuastəma- adj.		?
aiβiθūra- adj.		inébranlable
aiβišiti- n. f.		l'habitation
afraouruuisuuaṇt- adj.		?
afrakauuastəma- adj. sup.	qui prend le premier	
		rang de bataille
afrajiiamna-		inépuisable
afrataṭ.kuuah-, f. °kušī-,	qui ne coule pas	
adj. (part. parf. A. °tac)		vers l'avant
afrašūmaṇt- adj.		immobile
aṇra- adj.		mauvais
aṇra- mainiiu-		l'Esprit Malfaisant
aṇhu- n. m.		la vie
aṇhū- ? n. f.		?
aṇ^{V}hā- n. f.		l'intention
anaγra- adj.		sans début
anā.maθβa- adj.	qu'on ne peut persécuter	
anāzarəta- adj.		non courroucé
anāhita- adj.		immaculé
ainiia- adj. pron. ind.		autre
ainita- adj.		exempt de maux
anuuaršθβatəma- adj. sup.	dont il faut particu-	
		lièrement prendre soin
aṇtarə prép. + Acc.		entre
amaēnijan- adj.	qui abat dans l'attaque	
ama- n. m.		la force offensive
amauuaṇt-, f. °aitī-, adj.		puissant
amauuastara- adj. comp.		plus puissant
aməša- adj.		immortel

aməša- spəṇta-	l'Immortel Bienfaisant
amuiiamna- adj.	inébranlable
ar	accorder
prés. ərənau-/ərənu-	
(fra)ar	présenter, offrir
airiia- adj.	aryen
auruuaθa- adj.	inimical
arəduuī̆- adj. f.	humide
arəduuī̆- sūrā- anāhitā-	<u>nom d'une divinité</u>
arədra- adj.	fidèle
arəzaiiaṇt-, f. °eiṇtī̆-, adj.	combattant
arəẓaži- n. f.	?
aršān-/aršn- n. m.	le mâle
arštāt- n. f.	la Justesse
asah- n. n.	l'endroit, l'emplacement
asān-/ašn- n. m.	le ciel
ast- n. n.	l'os
astuuaṇt-, f. °aitī̆-, adj.	osseux, matériel
aspa- n. m.	le cheval
asman- n. m.	le ciel
az	mener, conduire
prés. aza-	
(para) az	emmener, emporter
azāta- adj.	non né
azəm (ma-, encl. mā, mē) pron.pers.	
1ère sg.	
aṣ̌a- n. n.	la Justice
aṣ̌auua.xš̌nut- adj.	qui réjouit le juste
aṣ̌auuan-, f. aṣ̌aonī̆-, adj.	juste
aṣ̌a.nā̆sa- adj.	qui atteint Aṣ̌a
aṣ̌i- n. f.	la récompense
aṣ̌bərət- adj.	qui apporte beaucoup

26

ah   être

  prés. ah-/h-
  part. prés. A. haṇt-, f. haitī-
  part. parf. A. ă̊ŋhuuah-/ă̊ŋhuš-

ahạxštaɣna- n. n.   100.000 coups
ahura- n. m.   le seigneur
ahura- mazdā-   le Seigneur Sage
ahuraδāta- adj.   créé par Ahura
ahurō.tkaēša- adj.   qui a reçu l'enseigne-
                                          ment d'Ahura
ahmāṯ...yaθa conj. du comparatif
ā adv.   auprès de, contre
āaṯ adv.   alors
āiiapta- n. n.   la récompense
(aiβi) āxš   veiller sur + Acc.
  prés. itér. °āxšaiia-
ātaraθra adv.   vers ce côté-là (des deux)
āδu.fraδana- adj.   qui accroît les canaux
āfəṇt- adj.   pourvu d'eau
        n.   le récipient
ārmaiti- n. f.   la Conformité
āsu- adj.   rapide
āsno.uruuan- adj.   à l'âme efficace
ərəzu- adj.   droit
ạzah- n. n.   l'angoisse
i   aller
  prés. ay-/i-
(auua) i   revenir de + Abl.
iδa adv.   ici, maintenant
iθa adv.   ainsi
ima- adj. pron. dém.
īra- n. n.   l'attaque

iš	désirer

part. prés. M. aēšəmna-

ūiti	<u>introduit le discours direct</u>
uγra- adj.	puissant
uγra.zaoša- adj.	à l'humeur violente
uγrārət- adj.	qui se meut puissamment
uxšiiaṯ.uruuara- adj.	qui fait pousser les
	plantes
upa prép. + Acc.	auprès de, à
upamana- n. m.	le prototype
uparatāt- n. f.	la supériorité
upairi adv.	depuis là-haut
upairi.kairiia- adj.	à l'action supérieure
upastā- n. f.	l'assistance
upa.šiti- n. f.	l'établissement d'habitation
uf	chanter

prés. ufiia-

us° adv.	au-dessus
uzgərəptō.drafša- adj.	aux étendards dressés
uzgərəβā- n.f.	?
ka- adj. pron. int.	qui? lequel?
adj. pron. ind.	chacun, chaque
kar	faire

prés. kərənau-/kərənu-

karan- n. m.	le bord, le côté
karšuuar- n. n.	la région
karšnaz-	<u>nom d'une famille</u>
kā	désirer

part. parf. A. cakuuah-/cakuš-

kāma- n. m.	le désir
kəhrp- n. f.	le corps, la forme
kərəsāspa- nom propre	(aux chevaux maigres)

gaēθā- n. f.		l'être vivant, le troupeau
gaēθō.frāδana- adj.		qui accroît les créatures
gaēsu- adj.		bouclé
gaotəma- nom propre		
gaona- n. n.		le poil, le cheveu
gaomaṇt- adj.		pourvu de lait
gau- n. m. ou f.		la vache, le taureau, le bétail
gaδauuara- adj.		qui porte la massue
gam		aller
prés. jasa-		
part. prés. A. jasaṇt-		
(ni) gam		descendre
(vī) gam		traverser
gar		saluer, recevoir
prés. passif °γairiia-		
(ā) gar		louer
gairi- n. m.		la montagne
garəβa- n. m.		l'utérus
gātu- n. m.		l'endroit, le lieu
gufra- adj.		profond, mystérieux
gūšaiiaṯ.uxδa- adj.		qui fait entendre des paroles
xā- n. f.		la source
xratu.kāta- adj.		?
xruuišiiaṇt-, f. °eiṇtī-, adj.		sanglant
xrūma- adj.		en terre
xšaiia- n. m.		le chef
xšaθra- n. n.		le pouvoir
xšaθrī- n. f.		la femelle
xšapan-/xšafn- n. f.		la nuit

```
xšā(y)                              détenir le pouvoir
   part. prés. A. xšaiiaṇt-
xšudra-  n. n.                          le sperme
xštāuui-  adj.          qui appartient aux xštəuui
xštəuui-  nom d'une famille
xšnā                                    connaître
   part. prés. désid. M. zixšnā́ṇhəmna-
(auua/auuō) xšnā              apprendre à savoir
xšnu                                    réjouir
   part. parf. M. kuxšnuuaṇa-
   verbal xšnūta-
°ca   conj.                                  et
caθβarəsatəm  num.                           40
car                                 se mouvoir
   prés. cara-
(fra) car              se mouvoir vers l'avant,
                                     s'avancer
(vī) car                             circuler
ci                                   assembler
   prés. caiia-
°cit  encl.                             même
jan                            frapper, tuer
   prés. γn-,  jaγn-
   verbal jata-
(paiti) jan         combattre pour (haca + Abl.)
(ni) jan                             abattre
juua-  adj.                             vivant
juuan-  adj.                            vivant
ta-  adj. pron. dém.
taxma-  adj.                            hardi
taxmārət-  adj.       qui se meut hardiment
tac                                  couler
   prés. taca-
```

(fra) tac	couler vers l'avant
taδa adv.	alors
taδa...taṱ	ainsi...alors
taṱ.āp(a)- adj.	qui fait tomber l'eau
tanū- n. f.	le corps
tar	traverser, surpasser
prés. tauruuaiia-	
tą̊šiiah-, f. °ehī-, adj. comp.	plus hardi
tūm/tū (θβa-, ta-, encl.θβā, tē) pron.pers. 2ème sg.	
tūra- adj.	touranien
tušnišād- adj.	assis en silence
daēuua- n. m.	le démon
daṅhu.frāδana- adj.	qui accroît le pays
dar	tenir, maintenir
prés. dāraiia-	
parf. daδār-/daδr-	
(upa) dar	soutenir
(vī) dar	maintenir en élargissant
darəγa- adj.	long
darəγō.rą̊rō.man- adj.	?
dasa num.	10
dasaθauuaṇt-, f. °aitī-, adj.	riche en posses-sions
dašina̋- n. m. ou f.	le côté droit
dax́iiu- n. f.	le pays
dax́iiuma- adj.	en rapport avec la divinité relative au pays
dā	donner, établir
prés. daδā-/daδ-	
prés. passif daiia-	
parf. daδ-	
verbal dāta-	

31

(ā) dā	établir, fixer
(upa) dā	soumettre
dātar-, f. °θrī-, n. m.	qui donne
dāitiia- adj.	approprié
dāθra- n. n.	le don
dānu-	<u>nom d'un peuple</u>
dānu.drājah- adj.	long comme un fleuve
dāmi- n. f.	la créature, la création
dāmōiš upamana-	le Prototype de la créature
dāhišta- adj. sup.	qui donne le plus
dərəzra- adj.	solide
di- adj. pron. dém. (dim, dīš)	
dis	montrer
prés. itér. daēsaiia-	
dunmō.frut- adj.	qui vole avec le nuage
dūra- adj.	lointain
dūraēuruuaēsa- adj.	au tournant éloigné
duraēkarana- adj.	aux bords éloignés, vaste
dūraēsuka- adj.	qui brille au loin
dužita- n. n.	la difficulté, le danger
dužuuarštāuuarəz- adj.	qui fait de mauvaises actions
draoman- n. n.	l'agression
draŋg	affermir
verbal °draxta-	
(ham) draŋg	id.
draŋg	réciter de mémoire
prés. drəŋjaiia-	
drəβda- n. n.	le muscle
druuatāt- n. f.	la santé
druuaṇt- adj.	trompeur
druj- n. f.	la Tromperie

32

θaxta- adj.		?
θβaē̆šah- n. n.		la crainte
θβaiiaŋᵛhant- adj.		effrayant
θβā̆šəm adv.		rapidement
θβərəs		créer, façonner
verbal θβaršta-		
(frā)θβərəs		id.
θraotō.stā̆c- adj.	qui coule dans le flot
θrā̆θra- n. n.		la protection
θrafəδā̆- n. f.		la satisfaction
θrišuua- n. n.		le tiers
tkaē̆ša- n. m.	le maître de doctrine
t̰baē̆šah- n. n.		la haine
t̰biš		haïr
part. prés. A. t̰bišiiant-		
verbal t̰bišta-		
t̰bišuuant- adj.		haineux
paēman- n. n.	le lait maternel
paoiriia- adj. num.		premier
paiti prép. + Acc. ou G.		sur, à
pad	être en possession de
part. prés. M. paiδimna-		
paiδiiā̆- n. f.		le pied
paθana- adj.		large
pancasaγna- n. n.		50 coups
pancō.hiia- adj.	aux cinq propriétés
pantā̆-/paθ- n. m.		le chemin
para adv.		autrefois
prép. + Abl.		avant
parō prép. + Abl.	devant, avant, au moyen de
parō.yāh- adv.		tout autour
prép. + Acc.		pendant

```
pauruua-  adj. num.                                    premier
paršti-  n. f.                    la controverse oratoire
pasu-  n. m.                                         le bétail
paskāt̰  adv.                                          derrière
pascaēta  adv.                                        ensuite
pərət                                               combattre
  prés. pərəta-
pərəθu-,  f. ᵒθβī-,  adj.                              large
pərəθu.frāka-  adj.                          à la large face
pərəθu.yaona-  adj.          aux larges emplacements
pəšanā-  n. f.                                     le combat
pouru-,  f. paoirī-,  adj. ind.                    beaucoup
pouru.baēuuan-  adj.           aux nombreuses myriades
pouru.vāstra-  adj.            aux nombreux pâturages
pouru.sata-    adj.           aux nombreuses centaines
pouru.sarəδa-  adj.           aux nombreuses variétés
pouru.spāδa-   adj.           aux nombreuses armées
pouru.hazaŋra-  adj.          aux nombreux  milliers
puθra-  n. m.                                        le fils
baēuuar-/baēuuan-  n. n.                       la myriade
baēuuarəγna-  n. n.                        10.000 coups
baēuuarə.paiti-  n. m.       le maître de myriades
baēšaza-  n. n.                                  le remède
baēšaziia-  adj.                                qui guérit
baēšaziiō.tara-  adj. comp.     qui guérit le plus
baγō.baxta-  adj.            distribué par les dieux
ban                                           être malade
  verbal baṇta-
bar                                                  porter
  prés. bara-
  part. prés. A. baraṇt-,  f. baraṇtī-
  part. prés. M. barəmna-
  verbal bərəta-
```

34

(auua) bar		apporter
(us) bar		apporter en faisant sortir
baraṱ.auuarəta-	adj.	qui apporte la propriété
baraṱ.āiiapta-	adj.	qui apporte la récompense
barō.baoδah-	adj.	qui apporte les odeurs
barō.zaoθra-	adj.	qui apporte l'oblation
barətar-, f. barəθrī-,	n. m.	qui porte
barəθrī-	n. f.	l'utérus
barəmna-	adj.	à cheval
barəsman-	n. n.	le faisceau de bois rituel
barəzah-	n. n.	la hauteur, la montagne
barəšnu-	n. m.	le sommet
bāδa	adv.	certes
bānumaṇt-	adj.	brillant
bāmiia-	adj.	brillant
bāzu-	n. m.	le bras
bərəzaṇt-, f. °aitī-,	adj.	grand
bərəziiāsta-	adj.	à la ceinture haute
bōiβra-	n. m.	le combat ?
bi		effrayer
part. parf. A. biβiuuah-		
bipaitištãna-	adj.	bipède
bū		être
prés. bu-, bauua-		
parf. buuāu-		
fraorəṱ	adv.	avec zèle
frauuaši-	n. f.	le choix de doctrine
frauuāxš-	n. m.	le pénis
frakarana-		?
fraxšnin- ?	adj.	soigneux
frascinbana-	n. n.	le soutien, l'étais
frasrūta-	adj.	renommé

frašō.kərəti-	n. f.	le fait de rendre vigoureux
frašō.carətar-	n. m.	qui rend puissant
frātaṭ.carəta-	adj.	qui coule en avant
frād		croître
prés. frāδa-		
frādaṭ.gaēθa-	adj.	qui accroît le bétail
frādərəsra-	adj.	brillant
frērəta-	n. n.	l'offrande
frī		réjouir
prés. frīnā-/frīn-		
(ā) frī		souhaiter
fru		voler
prés. caus. frāuuaiia-		
(auua ni) fru		s'envoler chez soi
naēma-	n. m.	le côté
nauua	n. m.	9
nauuaiti-	n. f.	90
nauuasō	adv.	neuf fois
nad		être en état de besoin
prés. naδana-		
nam		plier
prés. caus. ᵒnāmaiia-		
(vī) nam		enfoncer (sens militaire)
nar-/nər-	n. m.	l'homme
nas		atteindre
part. prés. désid. M. nāšəmna-		
nāuuaiia-	adj.	navigable
nāidiiah-	adj. comp.	plus faible
nāfa-	n. m.	la famille
nāman-	n. n.	le nom
nəmah-	n. n.	l'hommage
nōiṭ	nég.	ne...pas

nūrąm adv.	maintenant
nmāna- n. n.	la maison
nmāniia- adj.	en rapport avec la divinité relative à la maison
maēθana- n. n.	l'habitation
maδəməm° adv.	au milieu
maiδiian- n. m.	le milieu
manah- n. n.	l'esprit, la pensée
mainiiu- n. m.	l'esprit, la tendance, l'élan
mainiiu.tāšta- adj.	façonné par l'esprit
mainiiu.stāta- adj.	établi par l'esprit
mainiiu.śūta- adj.	impulsé par l'esprit
mas- (f. masī-) adj.	grand
masah- n. n.	la taille
masiiah-, f. °ehī-, adj. comp.	plus grand
masita- adj.	grand
mazišta- adj. sup.	le plus grand
mazdaδāta- adj.	créé par Mazdā
mazdā- adj.	qui applique son esprit, sage
mašiia- n. m.	l'être humain
māh- n. m.	la lune
mərəγa- n. m.	l'oiseau
mąnaiiən ahe yaθa(nā) conj.	on penserait comme
miiezdin- n. m.	l'oblateur
miθra-	nom d'une divinité
mrū	parler
prés. mrau-/mru-	
(fra) mrū	énoncer
ya- pron. rel.	qui, que
yaona- n. m.	l'emplacement

yaoždā	purifier
prés. yaoždaδā-	
yau- n. n.	la durée
yauuaētāt- n. f.	l'éternité
yatāra- pron. rel.	lequel (des deux)
yaθa conj.	afin que
	que (comparatif)
yaθra conj.	où
yat̰ conj.	iḍafat, que
	quand, lorsque, au cas où
	en sorte que, afin que
yastō.zaiia- adj.	à l'arme ceinte
yaz	sacrifier
prés. yaza-	
prés. passif yeziia-	
(frā) yaz id.	
yāžkərəstara- adj. comp.	qui formule mieux la
	requête
yāstō.zaēnu- adj.	à l'arme ceinte
yāh- n. n.	la requête
yeiδi conj.	si
yesniia-	digne du sacrifice
yezi conj.	si
yud	combattre
prés. yūiδiia-	
yuz	bouillonner
prés. yaoza-	
(ā) yuz	se soulever en bouillonnant
yūžəm (yūšma-/xšma-, encl. vō) pr. pers. 2ème pl.	
vaēn	voir
prés. vaēna-	
(pairi) vaēn	percevoir

vaēm (ahma-, encl. nō) pron. pers. 1ère pl.

vax̌s   croître, pousser
  prés. vax̌saiia-
  part. prés. A. ux̌saiiaṇt-, f. °eiṇtī-
(us) vax̌š   id.
(fra) vax̌š   id.

vaŋhana- n. n.   le vêtement

vaŋhu-, f. vaŋᵛhī-, adj.   bon

vohu- manah-   le Bon Esprit

vaŋhuθβa- n. n.   le combat

van   vaincre, être vainqueur
  prés. °vāna-
  part. prés. A. vanaṇt-, f. °aiṇtī-
  parf. vauuan-/vaon-
  verbal vaṇta-
(ni) van   emporter la victoire

vanaṭ.pə̌sana- adj.   qui remporte le combat

var   envelopper, être enceinte
                              de + Acc.
  prés. vərənau-/vərənu-
  verbal °vərəta-
(paiti) var   id.

vairi-, vairiia- n. m.   la mer

varədaṭ.gaēθa- adj.   qui accroît les troupeaux

varəθa- n. m.   l'arme défensive

vasō.yaona- adj.   qui a des emplacements
                            à volonté

vastrauuaṇt- adj.   pourvu de vêtements

vaz   conduire, mener
  prés. vaza-
  part. prés. A. vazaṇt-
  part. prés. M. vazəmna-

(upa) vaz	amener
(fra) vaz	conduire vers l'avant
vazārət- adj.	qui se meut avec puissance
vah	revêtir
prés. vah-	
vahišta- adj. sup.	le meilleur
vahmiia- adj.	digne de la prière
vā conj.	ou bien
vā	souffler
prés. vā-	
(fra) vā	souffler vers l'avant
vāta- n. m.	le vent
vārəθraɣni- adj.	victorieux
vāṣa- n. m.	le char
vərəd	accroître
prés. varəδa-	
vərəθra- n. n.	la force défensive, la victoire
vərəθrauuastara- adj. comp.	plus victorieux
vərəθraɣniia- n. n.	le combat
vərəθrajan- adj.	qui abat la défense, victorieux
vərəθra.baoδah- n. n.	l'odeur de la victoire
vərəzi.cašman- adj.	à l'oeil efficace
vouru.kaṣa- adj.	aux larges bords
vouru.gaoiiaoiti- adj.	aux vastes droits de pâture
vąθβa- n. n.	le troupeau
vąθβaēsa- n. m.	le voleur de bétail
vąθβō.frāδana- adj.	qui accroît les troupeaux
vi- n. m.	l'oiseau

(ā) vi		s'approcher en volant
prés. °vaiia-		
vī		pourchasser
part. prés. A. °vaṇ̊t-, f. °āitī-, viiaṇt-		
part. parf. M. viiāna-		
(vī) vī		chasser
viiā- n. f.		l'enveloppe, l'utérus
viiāxana- adj.		éloquent
viiāxman- n. n.		l'assemblée
vīcira- adj.		qui décide
vīdaēuua- adj.	qui abjure les daēuuas
vīδātu- n. m.	la délivrance, l'accouchement
vīra- n. m.		l'homme
vis- n. f.	le village, le clan
vīsiia- adj.	en rapport avec la divi-
	nité relative au village
vīspa- adj. pron. ind.		tout
raoxšna- adj.		lumineux
raoxšnəmaṇt- adj.		lumineux
raoxšni.aiβiδāta- adj.	entouré de lumière
raocah- n. n.		la lumière
raocahina- adj.		lumineux
raiii- n. m.		la richesse
rauuō.fraoθman- adj.	au ronflement brusque
ratu- n. m.	le temps, le moment
ratu- n. m.	le modèle, le patron
raθaēštā- n. m.		le guerrier
raθβiia- adj.	qui au bon moment, propice
rafnah- n. n.		l'aide
rasman- n. m. ou n.	le rang de bataille
razišta- adj. sup.		le plus droit
rašnu- n. m.		le Droit

41

rənjišta- adj. sup.   le plus léger
rą̄rəma- adj.   apaisant
iriθ   mourir
 verbal irista-
uruuaḗsa- n. m.   le tournant
uruuan- n. m.   l'âme
uruuan̩t- (adv. uruuat̰°) adj. ferme, compact
uruuarā- n. f.   la plante
uruuīnan̩t-, f. °aitī-, adj. qui abat
uruuis   (se) tourner
 prés. uruuisiia-
 verbal uruuišta-
(fra) uruuis   se tourner vers
uruθβar- n. n.   le viscère
uruθmi- n. f.   la plantation
saokā- n. f. la lumière, l'éclat
saošiian̩t- n. m. le sacrifiant
satauuaḗsa-   <u>nom de divinité</u>
     (qui a cent valets)
sataɣna- n. n.   100 coups
sarəδa- n. n. l'espèce, la variété
sāma-   nom propre
sāma- kərəsāspa- <u>nom d'un héros</u>
sāstar- n. m. le chef, le prince
səuuišta- adj. sup. le plus puissant
sūra- adj.   puissant
scin̩d   briser
 prés. scin̩daiia-/scan̩daiia-
 part. prés. A. scan̩daiian̩t-, f. °ein̩tī-
(fra) scin̩d id.
star   étendre
 verbal starəta-

stā	se tenir
prés. hištā-/hišt-	
stār-/str- n. m.	l'étoile
stāhiia- adj.	solide, constant
stəhrpaēsah- adj.	orné d'étoiles
stu	louer
prés. stau-/stu-	
spas	regarder
verbal °spašta-	
(auui) spas	menacer
spārō.dāšta- adj.	?
spəṇta- adj.	saint, bienfaisant
spəṇta- mainiiu-	l'Esprit Bienfaisant
spitāma-	nom propre
spitāma- zaraθuštra-	<u>nom du prophète</u>
snaiθiš- n. n.	l'arme offensive
sraotanū- adj.	au corps impétueux
sraotar-, f. °θrī-, n. m.	qui entend
srauuašəmna- adj.	à la lame rapide
sri	pencher, incliner, appuyer
prés. srinau-/srinu-	
part. prés. M. °sraiiamna-	
(apa) sri	se retirer
(ni) sri	indiquer
srīra- adj.	beau
zaoiia- adj.	digne d'être invoqué
zaoiiārət- adj.	qui s'élance, digne d'être invoqué
zaoša- n. m.	le goût, le plaisir
zaiiana- adj.	hivernal
zauuanō.srut-	qui entend l'invocation

zan   donner naissance
  prés. zīzan(a)-
  prés. passif zaiia-
(us) zan   id.
zan   connaître
  prés. zanā-/zān-
(paiti) zan   reconnaître, accueillir
zaṇtu- n. m.   la province
zaṇtuma- adj.   en rapport avec la divi-
                          nité relative à la province
zar   courroucer
  prés. itér. °zāraiia-
  verbal °zarəta-
(ā) zar   id.
zaraθuštra-   nom propre
zaraθuštrō.təma- adj. sup. en rapport avec la
                    divinité qui représente le
              plus les vertus de Zaraθuštra
zasta- n. m.   la main
zazuštəma- adj. sup.   le plus victorieux
zāuuar- n. n.   la force physique
zəuuištiia- adj.   le plus rapide
zəm- (zā-) n. f.   la terre
zəm.fraθah- adj.   large comme la terre
ząθa- n. n.   la naissance, l'accouchement
zī partic.   certes
ziiā   abîmer
  prés. zinā-/°zin-
(fra) ziiā   ravager
zbā   invoquer
  prés. zbaiia-
  part. prés. A. zbaiiaṇt-
  Verbal zbāta-

(auua) zbā	invoquer à son secours
(upa) zbā	appeler en invoquant
(us) zbā	susciter par l'invocation
zraiiah- n. n.	la mer
zrazdātəma- adj. sup.	le plus fidèle
zrazdāti- n. f.	la foi, la fidélité
zruuan- n. m.	le temps, la durée
šaēta- n. m.	l'argent, la fortune
šaētō.fraδana- adj.	qui accroît la fortune
šōiθra- n. n.	l'habitation
šiiu/šu	se mettre en mouvement
prés. ᵒsūsa-	
(fra) šu	démarrer
žgar	couler
prés. žgara-	
(fra) žgar	couler en avant
ha- pron. dém. (hō, hā, hē)	
hauua- adj. ind.	propre
haxəδra- n. n.	la communauté d'amitié
hac	suivre, se conformer à
part. prés. M. hacimna-	
haca prép. + Abl.	par, à partir de
hacaṭ.puθra- adj.	enceinte d'un fils
had	s'asseoir
parf. hazd-	
(ni) had	s'établir, s'installer
haθra adv.	en même temps, immé-
	diatement
prép. + I.	avec
hapta num.	7
haptōiriŋa- adj.	aux sept caractéristiques
hama- adj. ind.	le même

45

hamaθa	adv.	à la fois
hamarəna-	n. n.	le combat
hamaspaθmaēdaiia-	adj.	relatif à la revue des troupes
haməraθa-	n. m.	l'ennemi
hamō.xšaθra-	adj.	tout puissant
hazaŋra-	n. n.	1000
hazaŋraɣna-	n. n.	1000 coups
hazaŋraɣniia-	n. n.	le fait de frapper un millier
hāiriši-	n. f.	la femelle
hərəz		lâcher
prés. hərəza-		
haṃina-	adj.	estival
haṃ.varəitiuuaṇt-, f. °aitī-,	adj.	plein de bravoure
haṃ.stāti-	n. f.	?
hi-	pron. dém. (hīm, hīš)	
huiiaona-	adj.	qui a de bons emplacements
huuar-/xᵛan-	n. n.	le soleil
huuarə.barəzah-	adj.	haut comme le soleil
huuarəzāna-	adj.	qui a de bonnes communautés d'habitation
huuaspa-	adj.	qui a de bons chevaux
huuārət-	adj.	qui se meut par sa force spontanée
huuīra-	adj.	qui a de bons hommes
hukairiia-		(à la bonne activité)
hutāšta-	adj.	bien façonné
hudōiθra-	adj.	au bon regard
huparəna-	adj.	aux belles ailes

```
hubərəta-  adj.                              bien traité
huzāmit-  adj.             qui a une bonne grossesse
huš                                          dessécher
  prés. haoša-
hušhaxman-  adj.                      à la bonne amitié
huš.hạm.bərəta-  adj.                     bien rassemblé
xᵛaēpaiθiia-  adj.                      propre, personnel
xᵛaēna-  adj.                                en fusion
xᵛaβrīra-  adj.                                  fécond
xᵛairiiạn  n. n. indécl.                 la nourriture
xᵛarənah-  n. n.                              la Gloire
xᵛāθrauuạnt-  adj., f. ⁰aitī-  pourvu de bien-
                                                  être

xᵛāpara-  adj.                                      ?
```